BEI GRIN MACHT SICH IHR WISSEN BEZAHLT

Bibliografische Information der Deutschen Nationalbibliothek:

Die Deutsche Bibliothek verzeichnet diese Publikation in der Deutschen National-
bibliografie; detaillierte bibliografische Daten sind im Internet über http://dnb.d-
nb.de/ abrufbar.

Impressum:

Copyright © 2016 GRIN Verlag
Druck und Bindung: Books on Demand GmbH, Norderstedt Germany
ISBN: 9783346024220

Dieses Buch bei GRIN:

https://www.grin.com/document/494459

Ivan Logunov

Die Darstellung von Geschlecht bei einem Reklame-Designer

GRIN Verlag

GRIN - Your knowledge has value

Universität Bielefeld

Fakultät für Soziologie

Seminar: Methodologische Paradigmen in der Tradition der Chicago School

Die Übertreibung der Übertreibung

–

Wie stellt ein Reklame-Designer

Geschlecht dar?

Ivan Logunov

Inhaltsverzeichnis

Hinweis: Die Abbildungen mussten aus urheberrechtlichen Gründen entfernt werden.

0. Einleitung

Es dürfte in der Soziologie und auch dem Alltagsmenschen bekannt sein, dass sobald eine Kamera zu sehen ist, Personen sich auf eine bestimmte Art und Weise darstellen müssen. Ein spezieller Fall ist die Bilder-Reklame, auf der jemand Anderes über den Effekt, den die Darstellung der Models erzeugen soll, bestimmt. Wo sollen die Models stehen? Wie sollen sie aussehen? Aus welchem Winkel wird das Foto geschossen? Was wird nachträglich bearbeitet? In dieser Arbeit möchte ich untersuchen, mit welchen Methoden der Reklame-Designer arbeitet, um verschiedene Eindrücke beim Betrachter der Bilder-Reklame zu erzeugen.

Diese Frage hat sich auch Irving Goffman in seinem Buch „Geschlecht und Werbung" (1981) gestellt und einige Methoden herausarbeiten können, die ich auch in dieser Arbeit vorstellen werde und untersuchen werde, ob im Jahr 2016 neue hinzugekommen sind. Außerdem konzentrierte sich Goffman in seinem Buch darauf, zu zeigen, dass die Werbung mit Geschlechterstereotypen arbeitet, die dargestellt werden müssen, um ihre Wirkung zu entfalten. Damit entnaturalisierte Goffman das biologische Geschlecht und macht das Geschlecht auch zu einer Darstellungsleistung. Das Thema Geschlecht wird auch am Rande der Analyse behandelt.

Prinzipiell eignet sich jede Werbung, um Methoden von Reklame-Designern zu erforschen. Ich habe die Zigarettenwerbung auf Plakaten ausgesucht, weil der Raucher von Zigaretten meines Erachtens keinem eindeutigen (Geschlechter-)Stereotyp zuzuordnen ist. Man kann sich einen männlichen, weiblichen, armen, reichen, kleinen, großen, blonden und schwarzhaarigen Raucher vorstellen und ein passendes Stereotyp in Erzählung oder Film finden.

Dieses Thema ist außerdem insofern interessant und aktuell, weil die Bundesregierung zurzeit plant, ab 2020 Zigarettenwerbung auf Plakaten und im Kino zu verbieten.[1]

1. Forschungsstand

Es existieren bereits Bücher, die das Bild als ein Medium thematisieren („Was ist ein Bild? Was ist der Unterschied zwischen Bildern und Worten?" (Mitchell 2008: 9) und die Wirklichkeitskonstruktionen von Bildern thematisieren (Vgl. Marotzki/Niesyto 2006). Im Buch „Visual Sociology" (2012) von Douglas Harper, der Schüler von Howard S. Becker, einem Vertreter der Chicago School, war, werden diese beiden Themen von einem Soziologen behandelt. Der Autor arbeitet mit der Prämisse, dass die durch Bilder erzeugte Realität sich von

---

[1] http://www.spiegel.de/wirtschaft/soziales/tabakwerbung-bundesregierung-beschliesst-verbot-ab-2020-a-1088226.html, 15:59, 20.08.2016.

den Realitäten, die durch Wörter und Zahlen erzeugt werden, unterscheidet und gibt Ansätze wie man mit Bildern als Soziologe umgehen soll (Vgl. Harper 2012).

Außerdem existieren bereits Arbeiten, die den Unterschied im Rauchverhalten von Männern und Frauen bzw. Jungen und Mädchen untersuchen[2]. Auch wurden genderspezifische Unterschiede in der Rauchentwöhnung untersucht.[3] Forschung zu Werbung und im speziellen zu Geschlecht und Werbung liefert Goffman in seinem Buch „Geschlecht und Werbung" (1981), das ich als Basis für meine Analyse nutzen werde. Weiterhin werden Goffmans Arbeiten zum Thema Geschlecht und Werbung oft zitiert und weitergeführt[4].

2.1 Goffman: Geschlecht und Werbung

2.1.1 Geschlecht als Darstellungsakt

Goffmans Soziologie beschäftigte sich unter anderem viel mit der Darstellung von Personen. So ist es nicht verwunderlich, dass Goffman in seinem Buch „Geschlecht und Werbung" (1981) das Geschlecht auch als eine Form von Darstellung beschreibt.

„Ähnlich wie andere Rituale, so können auch die Darstellungen der Geschlechter fundamentale Merkmale der Sozialstruktur ikonisch reflektieren" (Goffman 1981: 38). Die Darstellung von Männlichkeit und Weiblichkeit im Alltag, z.B. bei der Höflichkeitsgeste eines Mannes einer Frau die Tür aufzuhalten, sagt auf der einen Seite etwas über das generelle Geschlechterverhältnis einer Gesellschaft aus und auf der anderen Seite, dass dieses Geschlechterverhältnis dargestellt werden muss. Damit folgt Goffman der Tradition der Chicago School, indem er von der Mikroebene Rückschlüsse auf die Sozialstruktur zieht – in der kleinsten Einheit, der Interaktion, können wir Gesellschaft beobachten.

„Wenn im wirklichen Leben ein Mann einer Frau Feuer gibt, so geht er von der Voraussetzung aus, daß Frauen zwar wertvolle, wenn auch physisch irgendwie beschränkte Objekte sind und daß man ihnen in allen Lebenslagen behilflich sein sollte. Aber dieser „natürliche" Ausdruck der Beziehung zwischen den Geschlechtern, dieses kleine interpersonelle Ritual, ist vielleicht ebensowenig ein echtes Spiegelbild der Beziehung zwischen den Geschlechtern, wie das auf einer Zigarettenreklame abgebildete Paar ein repräsentatives Paar ist" (Goffman 1981: 328). Goffman entnaturalisiert das Geschlechterverhältnis, das sich in der Lebenswelt und auch in

---

[2] Vgl. Schoberger, Rieder (2003)
[3] https://katalogplus.ub.uni-bielefeld.de/cgi-bin/new_titel.cgi?katkey=0062290~pdx&query=gender%20zigaretten&vr=1&pagesize=10&sprache=GER&best and=ext&sess=18e8ba52a1e4a9cd4b871b9274461e3a
[4] Vgl. Kotthoff Helga (1994)

Reklame in Form von Gesten oder kleinen Ritualen manifestiert. Es handelt sich nach Goffman in Darstellungen des Alltags und der Reklamen nie um den „natürlichen" Ausdruck der Geschlechter, sondern um eine Darstellung.

2.1.2 Das Medium Reklame

Als nächstes möchte ich einige Sätze Goffmans zur Bildreklame als ein Medium anführen, um zu verdeutlichen, dass die Darstellungen auch stark vom Medium, in dem sie entstehen, abhängen.

„Ganz gleich, welche Aussagen, der Reklame-Designer über sein Produkt machen will – er unterliegt dabei den Grenzen seines Mediums. Er muß etwas darstellen, dessen Bedeutung leicht verständlich sein soll, und zu diesem Zweck hat er nur Durchbuchstaben und ein oder zwei Standfotos, in der Regel von Protagonisten, deren Worte (falls welche gesprochen werden) nicht vernehmbar sind" (Goffman 1981: 114). An dieser Stelle wird bereits deutlich, dass die Herausforderung des Reklame-Designers darin besteht das Gezeigte so leicht verständlich wie möglich zu gestalten, weil das Medium ihm und dem Leser nicht mehr „Platz" bietet, um das Gezeigte zu erklären. Aufgrund der Eigenschaften des Mediums kann der Zuschauer dem Reklame-Designer z.B. keine Fragen stellen, sollte er die Darstellung nicht verstehen.

„Wie aber können Standfotos die Welt darstellen, wenn doch die Menschen in dieser Welt mitten in Handlungsabläufen stehen, in einem *zeitlichen* Tun (und nicht in erstarrten Posen); und wenn dort das Hören fast ebenso wichtig ist wie das Sehen, und auch Geruch und Berührungen eine so wichtige Rolle spielen?" (Goffman 1981: 114). Das Interessante an Standfotos aus der Reklame ist, dass sie der Welt eigentlich fremd sind, weil nur das Gesehene zu seinem Beobachter „spricht". Die Figur auf der Reklame gibt keine Töne von sich, besitzt keinen Geruch und jegliche Berührung zeigt, dass es sich um ein Stück Papier handelt. All die Sinne, die uns beim Verstehen helfen, können die Zuschauer der Reklame nicht benutzen und sind nur auf das Sehen angewiesen. Wie kann das Gezeigte dennoch so leicht verständlich wie möglich dargestellt werden? „Eine […] Lösung wäre, die Figuren im Bild mikro-ökologisch so zu platzieren, daß ihre räumliche Stellung zueinander ein Anzeichen für ihre mutmaßliche *soziale* Stellung zueinander bietet. […] Und natürlich kann man auch mit Szenen und Charakteren arbeiten, die vom Betrachter ganz allgemein und stereotyp mit einer bestimmten Aktivität gleichgesetzt werden und dadurch ein augenblickliches Wiedererkennen erlauben. Nebenbei bemerkt wählen die Reklame-Designer überwiegend anerkannte, positive Typisierungen […], so daß wir idealisierte Personen vor uns sehen, die ideale Mittel anwenden, um ideale Ziele zu erreichen – wobei sie selbstverständlich mikro-ökologisch so arrangiert sind, daß sie eine ideale Beziehung zueinander anzeigen" (Goffman 1981: 115). Nach Goffman, geht es bei einer Werbereklame stets um die idealisierte Darstellung von Personen, Mitteln, Zielen und Beziehungen. Der Reklame-Designer greift auf Stereotype zurück, die bei den Zuschauern bereits bekannt sind. Die Darstellung funktioniert über eine Mikro-Ökologie der Platzierung der Personen auf einer Reklame.

2.1.3 Die Übertreibung der Übertreibung

In welchem Verhältnis stehen Geschlecht und Werbereklame zueinander?

„Untersuchen wir die Darstellung der Geschlechter in der Reklame, dann sollten wir unsere Aufmerksamkeit nicht nur darauf konzentrieren, die stereotypen Vorstellungen der Reklame hinsichtlich der Geschlechter-Unterschiede aufzuzeigen – so wichtig diese Stereotypen auch sein mögen. Auch sollten wir uns nicht damit begnügen, diese Stereotypen zu befragen, was sie uns über die generell in unserer Gesellschaft herrschenden Verhaltensmuster der Geschlechter sagen können. Vielmehr sollten wir wenigstens einen Teil unserer Aufmerksamkeit darauf richten, wie diejenigen, die solche Bilder komponieren (und für sie posieren), die in den sozialen Situationen vorhandenen Materialien in der Weise choreografieren, daß sie ihre Absicht verwirklichen können; nämlich eine Szene darzustellen, die in sich sinnvoll ist und deren Sinn blitzartig erfaßt werden kann" (Goffman 1981: 118). Eine Werbereklame bietet uns, als Forscher, demnach drei Aspekte zur Erforschung: (a) die Stereotype Vorstellungen der Reklame hinsichtlich der Geschlechter-Unterschiede, (b) gesellschaftlich herrschende Verhaltensmuster der Geschlechter und (c) die Art und Weise des Reklame-Designers eine Reklame darzustellen und damit die ersten beiden Aspekte sichtbar zu machen. „Geschlecht und Werbung" handelt hauptsächlich vom letzten Aspekt und wird in einem Kapitel selbst behandelt (Siehe Kapitel 2.3).

Eine letzte Anmerkung zur Werbung an dieser Stelle. „Im Großen und Ganzen kreieren die Reklame-Designer nicht die ritualisierten Ausdrucksweisen, mit denen sie arbeiten. Sie benützen offenbar das gleiche Repertoire von Darstellungen, das gleiche rituelle Idiom, dessen wir alle uns bedienen, die wir an sozialen Situationen partizipieren – und zu dem gleichen Zweck: nämlich, die flüchtige wahrgenommene Aktion verständlich machen. Allenfalls konventionalisieren die Reklameleute unsere Konventionen, sie stilisieren, was bereits eine Stilisierung ist, und machen leichtfertigen Gebrauch von etwas, was bereits weitgehend von den Kontrollen durch seinen Kontext abgeschnitten ist" (Goffman 1981: 328). Reklame-Designer bedienen sich unserer Darstellungen, Konventionen und Stilisierungen und übertreiben sie ein weiteres Mal, um Verständlichkeit beim Beobachter der Reklame zu erzeugen. Die Technik des Reklame-Designers darzustellen wird Bestandteil meiner eigenen Analyse bilden.

2.2 Goffman: Methode zur Analyse von Bildmaterial

Goffman gibt in seinem Buch sein Vorgehen bei der Auswahl und der Analyse der Reklamebilder wieder. Dieses wird für mich als Leitfaden bei der Auswahl und Analyse eigener Reklamebilder dienen. Sein Vorgehen möchte ich in diesem Kapitel kurz skizzieren. Es wird sich zeigen, dass Goffman sein Buch „Geschlecht und Werbung" (1981) als einen ersten Impuls zum Thema Darstellung der Geschlechter versteht und sich keine vollständige Methode oder Methodologie aus seinem Buch ableiten lässt. Vielleicht ist gerade die Stärke seines Vorgehens, dass er sich ganz den Eigenschaften und Inhalten des Materials hingibt und das Material sprechen lässt. Dieses Vorgehen steht der Tradition der Ethnographie nahe, die von vielen Vertretern der Chicago School verwendet wurde.

2.2.1 Repräsentativität

Goffmans Erkenntnisinteresse fokussiert sich darauf, herauszufinden, von welchen Aspekten des wirklichen Lebens die Bilder uns eine angemessene Darstellung vermitteln und welche sozialen Auswirkungen die kommerzielle Abbildung auf das Leben hat, das angeblich abgebildet wird. Ihm geht es weniger darum aus einer systematischen Auswahl von Bildern eine Verallgemeinerung abzuleiten (Vgl. Goffman 1981: 105 f.). Dies begründet er damit, dass es ihm freisteht, was er als Thema bzw. als Geschlechterklischee definiert oder wie er die Fotos innerhalb einer bestimmten Serie anordnet. Durch ein solches Vorgehen kann man annehmen, dass alles darstellbar ist, was der Forscher durch ein paar etlichen Bildern gemeinsame Merkmale beweisen will (Vgl. Goffman 1981: 106). „Je größer die Ausgangs-Sammlung, desto sicherer wird der Forscher bestätigende Beispiele finden für das, was er auf einem einzelnen Bild gefunden hat oder was er von vornherein beweisen wollte – ein methodischer Fall, wo die Repräsentativität mit wachsendem Sample abnimmt. [...] Die wirksame Abbildung eines Themas beweist also nichts von alldem, was wir auf Bildern oder, natürlich, in der Welt feststellen können" (Goffman 1981: 106). Der Forscher läuft Gefahr durch ein hohes Sample der Repräsentativität der Ergebnisse zu schaden, weil der Forscher ein gefundenes Beispiel durch weitere Belege lediglich beweisen wollen würde.

Goffman hat sich daher darauf konzentriert, zu entdecken und darzustellen und verzichtet darauf, seine Befunde durch große Samples zu beweisen. Das Entdecken und Darstellen erlaubt es dem Forscher ohne großen Forschungsapparat besondere Vorteile zu nutzen, die das

Arbeiten mit Fotografien mit sich bringt (Vgl. Goffman 1981: 107). Anhand von wenigen Bildern lassen sich Besonderheiten genauer erforschen.

2.2.2 Arbeit des Forschers mit den Bildern

„Bilder aus jeder beliebigen Quelle lassen sich heute leicht und billig als Diapositive reproduzieren. Eine solche Diasammlung erlaubt ein rasches Arrangieren und Umarrangieren, ein Erproben und Modellieren und Jonglieren mit *trial and error* – ein Verfahren irgendwo zwischen Kryptographie und Puzzlespiel – und eine beachtliche Hilfe beim Entdecken von Mustern und Beispielen, seien es bloße Illustrationen oder tatsächliche Fallbelege" (Goffman 1981: 108). Das Arbeiten mit Reklame-Bildern ist nach Goffman ein *trial and error*-Verfahren, bei dem die Bilder arrangiert und umarrangiert werden. Heutzutage ist es noch leichter, Bilder zu arrangieren und zu umarrangieren, weil sie sich schnell und kostengünstig auf Papier drucken lassen.

Wie analysiert der Forscher die arrangierten Bilder? Auf der einen Seite kann sich der Forscher auf das soziologische Wissen unseres Auges und auf der anderen Seite auf den Konsensus stützen, der zwischen den Betrachtern herrscht (Vgl. Goffman 1981: 108). Dies ergibt insofern Sinn, weil der Reklame-Designer auch beabsichtigt, einen Konsensus bei den Betrachtern zu erzeugen.

„Während in den traditionellen Methoden der Sozialwissenschaft Unterschiede zwischen Dingen, die Belege ein und desselben Sachverhalts sind, ein beschwerliches Hindernis bilden, und zwar in dem Maß ihrer Unterschiedlichkeit, verhält es sich bei der Analyse von Bild-Mustern umgekehrt, und das Zusammenwerfen scheinbarer Unterschiede ist auch schon die ganze Analyse. [...] Denn bei dem Vorsatz, Variationen auf ein gegebenes Thema zu finden, muß der Reklame-Designer dennoch bestimmte Bedingungen der Szene-Produktion einhalten, wie etwa Schicklichkeit, Verständlichkeit usw." (Goffman 1981: 109). Goffman geht es bei der Analyse herauszufinden, welche „Tricks" der Reklame-Designer bei der Gestaltung der Reklame verwendet. Dies gelingt ihm durch das Zusammenwerfen von scheinbar unterschiedlichen Reklamen. „Bei den hier vorgeführten Fotos hängt es natürlich ganz vom Kunstgriff der Anordnung ab, ob eine Serie ein gemeinsames Grundmuster offenbart und hier entdeckt der Forscher lediglich das, was von vornherein in entsprechender Absicht so aufgebaut wurde. Die Art, wie es dem Reklame-Designer gelingt, immer wieder andere Verkleidungen für seine Stereotypen zu finden [...]" (Goffman 1981: 110). Goffman betont, dass es von der Anordnung der Bilder abhängt, ob der Forscher die „Tricks" des Reklame-Designers entdeckt und dass die Stereotypen die gleichen bleiben, obwohl sich die Reklame-Bilder ändern.

2.3 Die Methoden des Reklame-Designers

In diesem Abschnitt möchte ich kurz die Befunde Goffmans zu den Methoden, die ein Reklame-Designer benutzt, zusammenfassen, um eine Basis für meine eigene Analyse aufzubauen. Ich werde überprüfen, ob sich die gleichen Methoden in meinem Material von 2016 finden lassen. Außerdem werde ich genauer schauen, ob neue Methoden durch mein Material dazukommen.

Relative Größe: Über die relative Größe und den Standort einer Figur drückt der Reklame-Designer in sozialen Situationen gesellschaftliches Gewicht, das heißt Macht, Autorität, Rang, Amt oder Ruhm, überzeugend aus (Vgl. Goffman 1981: 120).

Die weibliche Berührung: „Frauen werden öfter als Männer abgebildet, wie sie mit ihren Fingern oder Händen den Umfang eines Objekts nachzeichnen, seine Oberfläche schützend umfassen oder liebkosen [...]; oder es ist eine ,nur angedeutete' Berührung, wie sie vielleicht zwischen zwei elektrisch geladenen Körpern vorkommen mag. Dieses rituelle Berühren unterscheidet sich vom utilitären Zugriff, der anpackt, manipuliert, festhält" (Goffman 1981: 125). Die Art und Weise wie das Produkt, das beworben wird, angefasst wird, wird besonders bei der Zigarettenwerbung interessant sein, da es sich um ein Produkt handelt, das von Frauen wie auch von Männern in der Hand gehalten wird.

Rangordnung nach Funktion: „Wenn in unserer Gesellschaft ein Mann und eine Frau bei einem Vorhaben direkt zusammenarbeiten, dann übernimmt der Mann offenbar stets die ausführende Rolle, vorausgesetzt, daß eine solche sich herausbilden kann. Dieses Arrangement ist in der Reklame sehr beliebt; zum Teil wohl deshalb, weil dadurch eine Deutung der Bilder auf den ersten Blick möglich wird" (Goffman 1981: 134). Die Frage danach, wer die ausführende und wer die passive Rolle einnimmt, ist eine weitere Möglichkeit, etwas über das Geschlechterverhältnis auf Reklamen zu erfahren.

Sollte der Mann nicht in der ausführenden Rolle sein, wird er auf unrealistische Weise als lächerlich oder kindisch dargestellt, um das Könner-Image des ,wirklichen' Mannes zu retten (Vgl. Goffman 1981: 150). Es wird auch wichtig sein, darauf zu schauen, wie die ausführende und die untätige Rolle vom Reklame-Designer konnotiert wird.

Die Familie: „Die Kernfamilie als Grundeinheit der sozialen Organisation entspricht bestens den Anforderungen bildlicher Darstellung. Alle Mitglieder einer realen Familie lassen sich leicht im Rahmen eines Bildes erfassen, und bei richtiger Anordnung bietet die visuelle Darstellung der Familienmitglieder eine anschauliche Symbolisierung der Familien- und Sozialstruktur" (Goffman 1918: 154). Anhand der Darstellung der Familie lassen sich Rückschlüsse auf die Familien- und Sozialstruktur ableiten.

Rituale der Unterordnung: „Ein klassisches Stereotyp der Ehrbezeugung besteht darin, sich in mehr oder minder demütiger Form zu verneigen. Die aufrechte Körperhaltung ist dementsprechend ein stereotypes Zeichen der Schamlosigkeit, Überlegenheit und Verachtung" (Goffman 1981: 165). Grob kann gesagt werden, dass die Position der Personen auf der Reklame etwas über die Rangordnung aussagt – wer ist wem bildlich über- bzw. untergeordnet?

Ein weiteres Ritual der Unterordnung ist das Lächeln, das ein Entgegenkommen eines Unterlegenen, symbolisiert (Vgl. Goffman 1981: 190) oder der um die Schulter gelegte Arm, der eine asymmetrische Konfiguration darstellt (Vgl. Goffman 1981: 217). Es wird wichtig sein, bei der Mikro-Ökologie zu schauen, ob eine Form der Unterordnung feststellbar ist und wie diese inszeniert wird.

Zulässiges Ausweichen: „Frauen werden offenbar häufiger als Männer in Haltungen abgebildet, die sie physisch aus der vorliegenden sozialen Situation entrücken und sie in dieser orientierungslos und daher wahrscheinlich auf den Schutz und das Wohlwollen der anderen angewiesen erscheinen lassen, die zugegen sind (oder sein könnten)" (Goffman 1981: 224). Die Haltung physisch aus der vorliegenden sozialen Situation entrückt zu sein, spiegelt sich beim Abwenden, in Gedanken woanders sein, den Blick des Anderen scheuen und sich hinter bzw. neben Objekten verstecken, wieder.

3. Analyse

Goffman hat bei seiner Recherche nach empirischem Material jegliche Reklame berücksichtigt. Ich habe mich auf einen Typ, die Zigarettenwerbung auf Plakaten, beschränkt. Deshalb erachte ich es als wichtig, etwas über das Produkt, das beworben wird, zu sagen, bevor die eigentliche Analyse beginnt. Eine Zigarette wird in der westlichen Gesellschaft überwiegend mit der Hand oder mit dem Mund gehalten. Ich mache auf diese einfache Beobachtung aufmerksam, weil es interessant sein wird zu beobachten, wie der Reklame-Designer die Haltung der Hand oder des Mundes darstellt. Der Anfang der Analyse widmet sich diesem Thema.

Bei der Suche nach empirischem Material habe ich einen Teil im Internet selbst gefunden, einen Teil auf der Straße mit einer Smartphone-Kamera aufgenommen und ließ einen weiteren Teil von Freunden aufnehmen, wenn diese zufällig Plakate von Zigarettenwerbungen auf der Straße sahen. Insgesamt umfasst mein Sample 16 Plakatwerbungen.

3.1 Hände

Die dargestellten Hände dienen, wie auch im Alltagsverkehr, als Mittel der Körpersprache die Haltung und auch das Charisma einer Person darzustellen. Die Hände lassen den Mann selbstbewusst auftreten, indem diese „offensiv" frei vor dem Körper gehalten werden (siehe Abb. 1, 2, 4). Die Zigarette sitzt fest zwischen Zeige- und Mittelfinger. Die Haltung der Hand der Frau lässt sie eher defensiv erscheinen und die Zigarette ist in der gekrümmten Hand eher locker (siehe Abb. 3). Die Darstellung der Hände ist auch eine Methode, um gesellschaftliches Gewicht, so ähnlich wie durch die relative Größe der Personen, darzustellen.

Die Hände dienen auch dazu den Darsteller charismatisch wirken zu lassen, unabhängig davon, ob er eine aktive oder passive Rolle einnimmt. In der ersten Werbung fehlt zwar die Zigarette in der Hand des Darstellers und trotzdem wird über die Hände Charisma der Person dargestellt. Die Botschaft der Werbungen wäre, dass Raucher keine Langweiler, sondern coole Typen sind.

3.2 Rangordnung nach Funktion

Auf der Abbildung 5 wird die einzige Frau auf dem Bild neben Männern, die miteinander interagieren, in einer passiven Rolle dargestellt. Die Haltung der Hand ähnelt der Darstellung auf der Abbildung 3. Die zurückgeklappte

Hand signalisiert, dass die Frau ein Zuhörer und passiv ist. Man könnte der Darstellung unterstellen, dass die Frau versucht mit dem Rauch, den die Zigarette erzeugt, nicht die beiden Männer zu stören. Auf der Abbildung 2 stört es den Mann nicht, dass sein Gesprächspartner den Zigarettenrauch abbekommen könnte.

Da es sich um Zigarettenwerbungen handelt und das unangenehme Element des Rauches nicht dargestellt wird und ich als Forscher dies „dazu denke", könnte dieser Aspekt auch ausgelassen werden. Fest steht, dass die Haltung der Hand etwas über die Haltung (aktiv oder passiv) des Protagonisten verrät bzw. als Indiz für die Haltung des Protagonisten angesehen werden kann. Die Haltung des Kopfes ist ein weiteres Mittel, um die Rangordnung darzustellen. Auf der Abbildung 3 sieht die Frau zum Mann herauf und gibt auch über ihr Lächeln ihr selbst die Funktion der Zuhörerin. Auf der Abbildung 5 ist die Haltung des Kopfes aufrecht, jedoch taucht das gleiche Zuhörer-Lächeln der Frau auf. Die niedrige Rangordnung der Tätowiererin wird zusätzlich dadurch dargestellt, indem sie weiter hinten im Bild positioniert wird. Ein weiteres Element der Darstellung ist die Zentriertheit der Tätowiererin in Abbildung 5. Während die Männer miteinander sprechen und die Tätowiererin zuhört, liegt der Fokus durch die Perspektive des Fotographen auf ihr. Die Tätowiererin wird gewissermaßen als Hauptfigur der Reklame in Szene gesetzt, obwohl sie in der Rangordnung, bildlich gesprochen, hinten ist. Ich möchte auf diese Beobachtung aufmerksam machen, weil in Goffmans Sample die in der Rangordnung hohe Person oft im Bildmittelpunkt stand (Vgl. Goffman 1981: 120; 135). Die Hauptfigur wird bei dieser Zigarettenwerbung eine untypische passive, fast schüchterne Frau.

Die Beobachtung, dass über die Unterscheidung Vordergrund/Hintergrund etwas über die Rangordnung der Personen ausgesagt werden kann, zieht sich durch die meisten Reklamen meines Samples.

Eine letzte Bemerkung widmet sich der Abbildung 2. Es befinden sich zwei männliche Freunde auf dem Bild, die in die Rolle aktiv und passiv aufgeteilt sind. Es lässt sich auf den ersten Blick kein Geschlechterarrangement feststellen. Würde man jedoch den Mann durch eine Frau mit der gleichen Haltung ersetzen, wäre diese Darstellung sehr untypisch. Es zeigt sich ein Geschlechterarrangement, weil ein aktiver Mann und passive Frauen (s. Abb. 3 und 4) gerade keine Verwunderung beim Betrachten auslösen.

3.3 Relative Größe

Über die relative Größe der Darsteller wird zwar immer noch gesellschaftliches Gewicht dargestellt. Jedoch lässt sich in meinem Sample kein eindeutiger Stereotyp finden. Auf Bildern, auf denen beide Geschlechter dargestellt werden, sind Frauen entweder größer (siehe Abb. 6)[5], gleichgroß (s. Abb. 7) oder kleiner (s. Abb. 8) als der Mann.

Ein weiterer relativer Größenunterschied lässt sich zwischen Personen und den Zigarettenschachteln feststellen. Hier geht es nicht mehr um die Darstellung von gesellschaftlichem Gewicht, sondern um die Gewichtung der Botschaft der Reklame. Die Abbildungen 9, 10 und 11 bewerben funktionale Aspekte („Mehr ist mehr"; „Unsere hat mehr drauf und mehr drin"; „Wir setzen immer noch einen drauf") und die Abbildungen 12 und 13 bewerben einen Lebensstil („Was du von uns halten sollst? Unsere Drinks"; „Wir treiben's sonst schon bunt genug").

---

[5] Die Darstellung der Frau erinnert an die „We can do it"-Werbekampagne aus dem Zweiten Weltkrieg von 1943, die in den 1980er Jahren wiederentdeckt wurde, um den Feminismus zu fördern. Die Haltung des rechten Arms ähnelt dem Arm, der hart arbeitenden Frau in der Produktion von Kriegsmaschinerie. Auch die hochgezogene Augenbraue auf der Darstellung von „Pall Mall" lässt vermuten, dass es sich um ein Zitat der Darstellung von 1943 handelt (Vgl. https://en.wikipedia.org/wiki/We_Can_Do_It, 31.08.2016, 12:46).

Auffällig ist, dass in den ersten drei Beispielen die Zigarettenpackung verhältnismäßig groß ist und mehr Raum einnimmt und auf den letzten beiden Beispielen kleiner als die Personen dargestellt wird. Dies könnte damit zusammenhängen, dass bei der Betonung von funktionalen Aspekten (es gibt mehr in der Packung) die Packung verhältnismäßig groß dargestellt wird und bei der Betonung der Botschaft die Protagonisten der Botschaft in den Vordergrund rücken.

Außerdem ist allen Werbungen außer Abbildung 9, auf denen Personen abgebildet sind, gemein, dass die Botschaften personalisiert sind und der Betrachtet sich angesprochen fühlen kann.

3.4 Grimasse

Das Gesicht spielt eine besondere Rolle bei Zigarettenwerbungen. Über das Gesicht wird ein Rebellencharakter ausgedrückt. Die Frau der Camel-Werbung, die grinst und sich gewissermaßen weigert ein hübsches Gesicht für die Kamera zu zeigen (Abb. 14), die Partnerin, die mit ihrem Blick die Herrschaft des Partners anzweifelt (Abb. 15) und die beiden

Frauen, die mit ihrem Haar

einen Schnurrbart formen, um auf die Männertoilette zu gelangen (Abb. 16). Die Grimasse besitzt kindliche Züge, symbolisiert den Bruch mit herrschenden Normen und Individualität.

Inhaltlich bricht die Werbung von Gauloises mit der institutionellen Aufteilung in Männer- und Frauentoiletten mit leichter Rebellion. Außerdem könnte der Slogan „Vive le moment" eine Hommage an die Rufe der französischen Revolution „Vive la revolution" sein. Da Plakate nur flüchtig betrachtet werden, könnte die Hommage unbewusst wahrgenommen werden.

3.5 Beruf

Eine weitere Methode um Individualität und einen rebellenhaften Charakter darzustellen sind Tattoos und ausgeprägte Gesichtsbehaarung. Der Inhalt (Tattoos oder Bart) wird zur Methode selbst, weil diese bereits einen Stereotyp ausmachen. Auf der Abbildung 17 wird ein langbärtiger Mann dargestellt mit dem Aufdruck „Do Your Thing". Das Thema könnte unter anderem das Berufsleben sein und der Aufdruck symbolisiert die Selbstständigkeit im Beruf. Der Bart, der auf vielen Arbeitsplätzen unerwünscht ist, kann in der Selbstständigkeit verwirklicht werden.

Genauso wie der Bart sind auch Tattoos ungern gesehen auf Arbeitsplätzen und müssen teilweise durch Kleidung versteckt beziehungsweise bedeckt werden. Da es sich auf der Abbildung 18 jedoch um einen Tattoo-Studio handelt („1 Tattoo 50.000 Stiche 5 Minuten Freiheit"), wird das Ideal des nicht-tätowierten Arbeitnehmers umgekehrt und Tattoos auf dem eigenen Körper werden erwünscht. Individualität, Selbstständigkeit und Selbstverwirklichung werden durch den Lebensstil (Bart oder Tattoo) dargestellt.

3.6 Rituale der Unterordnung

Rituale der Unterordnung lassen sich in meinem Sample finden. Der Taxifahrer zeigt beim Anzünden seiner Zigarette eine typische Haltung der Unterordnung, indem er seinen Kopf senkt (s. Abb. 19). Die Unterordnung könnte ein Verweis auf die niedrige soziale Klasse des Taxifahrers zu deuten sein.[6]

Ein Beispiel, das die Rebellion gegen die Unterordnung als eine Form der Unterordnung darstellt, ist die Abbildung 20. Die Frau ist von ihrer Position aus hinter dem Mann, jedoch umarmt sie ihn ironisch und lässt über ihr Gesicht Zweifel erkennen.

---

[6] Es dürfte zunächst verwundern, dass ein negativ geprägter Charakter dargestellt wird.

3.7 Zulässiges Ausweichen

Es bestätigt sich Goffmans Beobachtung, dass Frauen öfter als Männer in einer Abwesenden Haltung dargestellt werden. Die Tätowiererin von der Abbildung 18 macht ihre Abwesenheit durch ihr Lächeln sichtbar. Ein spannendes Beispiel ist Abbildung 21, auf dem eine Frau durch ihr Abwenden und die zurückgeklappte Hand einen passiven Eindruck vermittelt und eine andere Frau in ihrer Nähe gerade in die Kamera schaut. Das Motiv der Rebellion und Individualität taucht im Spruch neben dem Bild („Was du von uns halten sollst? Unsere Drinks") auf und der offene Mund der Frau, die in die Kamera schaut, stellt sie als Sprecherin des Satzes dar. Die Unterscheidung aktiv/passiv wird also auch zwischen Frauen dargestellt. Eine Interpretation könnte sein, dass es sich um ein homosexuelles Paar handelt, das einen aktiven und einen passiven Partner darstellt. Selbst wenn die Intention des Reklame-Designers es war, zwei heterosexuelle Frauen zu zeigen, so ist die Neuheit, dass die aktiv/passiv Schablone nicht auf Mann und Frau, sondern auf zwei Frauen angewandt wird.

3.8 Freundschaft und Intimbeziehung

Dieses Kapitel ersetzt das Kapitel „Familie" in Goffmans Buch „Geschlecht und Werbung", weil es bezeichnend für die Werbung für Zigaretten ist, dass kein Paar, das raucht, gemeinsam mit Kindern dargestellt wird. Ich vermute, dass aufgrund von Gesundheitsvorstellungen unserer Gesellschaft es im öffentlichen Raum verpönt ist, Eltern und Kinder in Verbindung mit dem Rauchen zu bringen (s. Abb. 22, 23). Die Darstellung der Freunde oder des Paares, das wahrscheinlich keine Kinder hat oder die Kinder im Moment der Aufnahme nicht zugegen sind, die gemeinsam rauchen, ist jedoch durchaus möglich, wie mein Sample zeigt.

Außerdem kommt das bei dem Motiv Freundschaft (s. Abb. 24, 25) das Thema Verbrüderung gegen herrschende Normen aufgrund der Slogans hervor. „Drinnen Kollegen. Draussen Kumpels" steht für das Ablegen der Arbeiterrolle und „Drinnen die Hochzeit. Draussen das Wiedersehen" während der Zigarettenpause. So ähnlich wie mit der Grimasse gegen Schönheitsideale, wird gegen den Ernst von Arbeitswelt und der Hochzeit während der Pause rebelliert. Die Raucherpause als Raum, in dem „die Maske fallengelassen werden kann", wird in der Zigarettenwerbung überstilisiert.

Die Zigarettenmarke „Pall Mall" deutet über die Slogans außerdem Homosexualität in der Paarbeziehung an. Eine Lesart des Bildes mit den beiden Frauen („Was du von uns halten sollst? Unsere Drinks") ist, dass sie lesbisch sind und es ihnen egal ist, was jemand davon hält. Die Werbung mit den beiden abgebildeten Männern („Wir treiben's sonst schon bunt genug") deutet Homosexualität über die Worte „treiben", das sexuell konnotiert sein kann, und „bunt", das ein Symbol der Schwulenbewegung ist. Dass es sich um eine Andeutung von Homosexualität handelt, lässt sich daran erkennen, dass das Thema Party im Vordergrund steht. Es wird ein wildes Leben („bunt treiben"), das keine Anerkennung anderer („Du kannst unsere Drinks halten") bedarf, dargestellt. Über die Form der Andeutung von Homosexualität und keine offensichtliche

Werbung für Homosexuelle lassen sich Rückschlüsse über die Sozialstruktur ableiten, wie sehr Homosexualität im öffentlichen Raum darstellbar ist. Auf und abseits der Leinwand.[7]

3.9 Werbung ohne Menschen

Ein letztes Kapitel widme ich den Werbungen, auf denen keine Menschen, sondern nur Sprüche, abgebildet sind. Zigarettenwerbungen sind kein Einzelfall, bei dem keine Menschen oder zusätzlich kein Produkt dargestellt werden. Es ist jedoch bezeichnend, dass für bestimmte Werbungen kein Geschlechterstereotyp benötigt wird, um ein Produkt zu bewerben. Meine Vermutung bekräftigt sich nach den vorherigen Methoden, dass etwas gänzlich Anderes beworben wird als ein bestimmtes Geschlecht.

Der Slogan „IS THE SKY THE LIMIT?" (s. Abb. 28) ist bezeichnend dafür, dass ein bestimmter Typ von Menschen beworben wird bzw. eine bestimmte Einstellung von Menschen dargestellt wird. Das Thema der Zigarettenwerbung war in meinem Sample oft Rebellion, Individualität und der Bruch mit herrschenden Normen. Die Metapher die Grenze des Himmels zu überqueren, ist ein weiterer Beleg für diese These. Das Logo unten rechts auf der Reklame „You Decide" zeichnet ein ähnliches Bild von einem Raucher, der über alle möglichen Entscheidungen entscheiden kann (obwohl es eigentlich nicht in seiner Macht steht).

Die These aus Kapitel 3.3, dass das Produkt, die Zigarettenschachtel, weniger Platz auf der Reklame einnimmt, sobald das Gewicht auf der Botschaft mit dem Thema Individualität liegt, bestätigt sich anhand dieser Reklame, die keine Zigaretten oder Schachteln zeigt.

4. Selbstreflexion

Das Thema der Darstellung der Hände hätte auch im Kapitel „ 3.2 Rangordnung nach Funktion" subsumiert werden können, weil durch die Hände eine gewisse Rangordnung dargestellt wird. Es konkurriert auch mit dem von Goffman selbst erstellten Kapitel „Die weibliche Berührung".

---

[7] Da diese Arbeit nicht davon handelt, welche konkreten Rückschlüsse über die Sozialstruktur möglich sind, bleibt es bei der Anmerkung und das Thema wird nicht weitergeführt. Es ist jedoch durchaus denkbar eine Arbeit über die Korrelation von Grenzen der sichtbaren Homosexualität im öffentlichen Raum in Werbungen und in der städtischen Interaktion – was darf gezeigt werden und was nicht?

Auch wenn ich Unterschiede in der Haltung der Zigarette in der Hand zwischen dargestellten Männern und Frauen herausarbeiten konnte, so unterscheidet sich mein Kapitel 3.1 „Hände" von Goffmans Kapitel über die weibliche Berührung dadurch, dass auch männliche Hände Eingang in meine Analyse fanden. Außerdem besitzt das Kapitel „Grimasse" Überschneidungspunkte mit den Kapiteln „Rituale der Unterordnung" und „Zulässiges Ausweichen", weil zum einen die Grimasse als Zeichen der Rebellion gegen Unterordnung verwendet werden kann (s. Abb. 20) und zum Anderen die Grimasse mit zusätzlich abgewandtem Blick von der Kamera als eine selbstbewusste Geste gegen herrschende Schönheitsideale als eine Form des Ausweichens bezeichnet werden kann (s. Abb. 14).

Somit sind die Darstellungen von Händen und das Thema Grimasse keine gänzlich neuen Methoden des Reklame-Designers im Vergleich zu denen Methoden, die Goffman herausgearbeitet hat, sondern spezielle Fälle oder Abwandlungen bisheriger Methoden, die meines Erachtens hervorzuheben waren.

Dem Thema Personalisierung von Werbung, das in dieser Arbeit kurz im Kapitel 3.3 „Relative Größe" angeschnitten wurde, kann zu einer eigenen Arbeit ausgebaut werden. Ich habe mich bewusst dagegen entschieden, dieses Thema zu behandeln, weil in meiner Arbeit der Fokus auf dem Bild lag. Trotzdem kommt der Schrift in Verbindung mit Bild in meinem Sample eine besondere Bedeutung zu. Dies lässt sich unter anderem daran ablesen, dass in meinem Sample kein Bild ohne Slogan auskam.

5. Schluss

Die Forschungsfrage, ob Reklame-Designer die gleichen Methoden wie im Jahr 1980 benutzen, lässt sich mit Ja beantworten. Gänzlich neue Methoden sind nicht hinzugekommen, sondern abgewandelte Formen der bisherigen Methoden. Der Auftrag Verständlichkeit zu erzeugen, wird weiter versucht erfüllt zu werden und dabei eignen sich auch die heute noch die bewährten Methoden. Der Auftrag der Verständlichkeit hat sich insofern leicht verändert, dass unterschiedliche Interpretationen des gleichen Bildes zugelassen sind, wie am Beispiel Pall Mall gezeigt wurde. Unterschiedliche Interpretationen sind nun zugelassen.

Die Darstellung der Geschlechter war sehr gemischt. Das gesellschaftliche Gewicht von dargestellten Männern ist immer noch sehr hoch. Dagegen nehmen Frauen oft die passive oder niedrigere Rolle ein. Die Andeutung von Homosexualität ist im Vergleich zum Sample von Goffman etwas Neues, was auch daran liegen kann, dass Homosexualität im Vergleich zur Zeit von Goffmans Buch liberalisiert wurde. Dies wäre ein weiterer Beleg dafür, dass anhand von Bilder-Reklame Rückschlüsse auf die Sozialstruktur möglich sind.

Insgesamt zeichnet sich ein Bild von der Darstellung von Geschlechtern ab, das als Umbruchphase bezeichnet werden kann. Eine Klarheit über das Geschlechterverhältnis existiert nicht. Die rebellische Frau, die sich gegen herrschende Normen auflehnt, ist Teil des Käufers-Typs von Zigaretten. Die Rebellion zeichnet jedoch auch aus, dass Normen vorherrschen, gegen die rebelliert werden muss. Die Rebellion gilt auch metaphorisch für den Mann, der mit Bart und Tattoos zur Arbeit gehen möchte. Diese Darstellungen der Geschlechter sind jedoch wie bereits erwähnt mit den gleichen Methoden wie 1980 entstanden.

Es dürfte zunächst verwundern, dass keine neuen Techniken entstanden sind, trotz technischer Möglichkeiten der Bildbearbeitung im Jahr 2016. Zwar kann man die Models schöner aussehen lassen oder ihnen längere Beine geben. Jedoch beeinflussen diese technischen Elemente die Bildsprache, die von Positionierung und Haltung der Personen geprägt ist, nicht sonderlich in meinem Sample.[8] Der Auftrag Verständlichkeit zu erzeugen, wird nicht über technische Mittel, sondern über Darstellungspraktiken und Bildsprache erfüllt.

---

[8] Eine Arbeit über die Erzeugung von stilisierter Schönheit im Zeitalter des Instagram-Filters wäre anknüpfend meine Erkenntnisse durchaus möglich.

4. Literaturangaben

Goffman, Erving (1981): Geschlecht und Werbung. Suhrkamp Verlag: Frankfurt am Main.

Harper, Douglas (2012): Visual Sociology. Routledge: New York.

Kotthoff, Helga (1994): Nachwort. Geschlecht als Interaktionsritual? In: Erving Goffman: Interaktion und Geschlecht, (hrsg. von Hubert Knoblauch): Campus: Frankfurt, 159-194.

Marotzki, Winfried/Niesyto, Horst (2006): Bilderinterpretation und Bildverstehen – Methodische Ansätze aus sozialwissenschaftlicher, kunst- und medienpädagogischer Perspektive. VS Verlag für Sozialwissenschaften: Wiesbaden.

Mitchell, W.J.T. (2008): Bildtheorie. Suhrkamp Verlag: Frankfurt am Main.

Schoberger, R./Rieder A. (2003): Rauchen Frauen anders als Männer? Wiener Zeitschrift für Suchtforschung, 26, (3-4), pp. 69-76.

BEI GRIN MACHT SICH IHR WISSEN BEZAHLT

- Wir veröffentlichen Ihre Hausarbeit,
  Bachelor- und Masterarbeit

- Ihr eigenes eBook und Buch -
  weltweit in allen wichtigen Shops

- Verdienen Sie an jedem Verkauf

Jetzt bei www.GRIN.com hochladen
und kostenlos publizieren